poisson express

MARABOUT

table des recettes

Sauces

Ces sauces parfumées suffisent à transformer un simple morceau de poisson en un délicieux repas. Chacune est prévue pour accompagner poissons entiers, filets, darnes ou autres pavés, à déguster poêlés ou grillés au barbecue.

Sauce aux câpres et à l'aneth
Pour 4 personnes
Mélangez 2 c. s. de câpres égouttées, 1 c. s. d'aneth frais haché, 1 c. c. de zeste de citron râpé et 80 ml de jus de citron.
Par portion lipides 0,1 g ; 9 kcal

Pâte aux olives
Pour 4 personnes
Mixez 200 g d'olives noires dénoyautées, 2 c. s. de câpres égouttées, 3 branches d'aneth frais, 3 branches de persil frais, 2 gousses d'ail et 2 c. s. de jus de citron.
Par portion lipides 0,6 g ; 60 kcal

Beurre d'anchois
Pour 4 personnes
Mélangez dans un bol 100 g de beurre ramolli, 6 filets d'anchois égouttés et hachés, 1 gousse d'ail écrasée et 1 c. s. de basilic frais ciselé. Versez le mélange sur du film alimentaire, façonnez-le en rouleau et roulez-le fermement dans le film. Mettez le beurre d'anchois au réfrigérateur jusqu'à ce qu'il soit ferme puis coupez-le en tranches.
Par portion lipides 21,1 g ; 194 kcal

Sauce au piment et au citron vert
Pour 4 personnes
Mélangez 2 c. s. de jus de citron vert, 2 c. s. de sucre roux, 1 c. s. de vin de riz, 1 c. s. de nuoc-mâm, 1/2 c. c. d'huile de sésame, 1/2 c. c. de gingembre frais râpé, 1 gousse d'ail écrasée et 2 c. c. de sauce pimentée.
Par portion lipides 0,7 g ; 43 kcal

Gremolata aux noix
Pour 4 personnes
Mélangez 1 poignée de noix grillées hachées, 2 c. s. de zeste de citron haché, 2 branches de persil frais ciselé et 1 gousse d'ail écrasée.
Par portion lipides 7 g ; 71 kcal

Salsa aux tomates et à la coriandre
Pour 4 personnes
Mélangez 2 tomates concassées, 1 oignon rouge haché grossièrement, 3 brins de coriandre fraîche ciselée, 1 c. s. de jus de citron vert et 1 c. s. d'huile d'olive.
Par portion lipides 4,6 g ; 55 kcal

Sauce à la coriandre et au piment
Pour 4 personnes
Mixez soigneusement 6 petits oignons de printemps hachés, 2 gousses d'ail, 2 piments thaïs rouges, 1 c. s. de coriandre fraîche hachée et 1 1/2 c. s. de sucre roux. Ajoutez 1 1/2 c. s. de nuoc-mâm et 2 c. s. de jus de citron vert.
Par portion lipides 0,1 g ; 30 kcal

Pistou à la citronnelle
Pour 4 personnes
Mixez 70 g de cacahuètes grillées non salées, 2 piments thaïs rouges, 1 tige de citronnelle hachée, 1 petit bouquet de coriandre fraîche haché, 80 ml d'huile d'arachide et 1 c. s. de jus de citron jusqu'à obtention d'une pâte homogène.
Par portion lipides 22,7 g ; 216 kcal

Salade de saumon à la thaïlandaise, sauce au citron vert

Préparation 20 minutes
Pour 4 personnes.

415 g de saumon rouge en conserve
1/2 concombre coupé en rondelles
4 échalotes émincées
200 g de tomates cerises
2 romaines miniatures
8 feuilles de menthe
8 feuilles de basilic ciselées

Sauce au citron vert
60 ml de jus de citron vert
1 c. s. de sauce de soja
1 c. c. de nuoc-mâm
1 c. c. de sucre roux
1/4 c. c. d'huile de sésame
1 piment thaï rouge frais
épépiné et haché

1 Émiettez le saumon. Mélangez tous les autres ingrédients dans un saladier. Ajoutez le saumon et nappez le tout de sauce au citron vert.

Sauce au citron vert Mélangez tous les ingrédients dans un récipient doté d'un couvercle, fermez-le et secouez-le énergiquement.

Par portion lipides 11,2 g ; 224 kcal

Spaghetti sauce « puttanesca »

Préparation 30 minutes
Pour 4 personnes.

2 c. s. d'huile d'olive
2 gousses d'ail écrasées
4 tomates concassées
1 petit bouquet de persil plat frais finement ciselé
12 olives farcies coupées en rondelle
45 g de filets d'anchois égouttés et hachés
1 c. s. de basilic frais haché
1 pincée de piment en poudre
375 g de spaghetti

1 Faites chauffer l'huile dans une poêle et faites-y légèrement dorer l'ail. Ajoutez les tomates, le persil, les olives, les filets d'anchois, le basilic et le piment. Faites revenir 5 minutes, en remuant.

2 Pendant ce temps, faites cuire les spaghetti dans une grande casserole d'eau bouillante jusqu'à ce qu'ils soient al dente. Égouttez-les puis mélangez les pâtes et la sauce.

Par portion lipides 12 g ; 443 kcal

Crème de thon

Préparation 10 minutes
Pour 265 g de sauce.

180 g de miettes de thon à l'huile
1/2 oignon blanc haché
30 g de beurre ramolli
1 c. c. de zeste de citron râpé
2 c. c. de jus de citron
1 gousse d'ail écrasée
2 c. c. de câpres égouttées et hachées
1 c. s. de basilic frais ciselé
2 c. c. d'origan frais haché

1 Mixez le thon non égoutté, l'oignon, le beurre, le zeste de citron, le jus de citron et l'ail jusqu'à obtention d'une pâte lisse. Mettez la préparation dans un bol, puis ajoutez les câpres et les fines herbes. Mélangez soigneusement.

2 Servez avec du pain tiède.

Par portion lipides 2,8 g ; 35 kcal

Croquettes au saumon avec salade de concombre à la roquette

Préparation 45 minutes
Pour 4 personnes.

4 pommes de terre coupées en morceaux
415 g de saumon rouge en conserve égoutté et émietté
4 petits oignons de printemps hachés
1/4 c. c. de zeste de citron vert râpé
75 g de farine
2 œufs battus
100 g de chapelure
huile végétale pour friture
1 concombre
100 g de pousses de roquette
2 piments thaï rouges frais épépinés et hachés
2 c. s. de jus de citron vert

1 Faites cuire les pommes de terre à la vapeur. Égouttez-les puis écrasez-les dans un saladier. Laissez-les refroidir 5 minutes, puis ajoutez le saumon, les oignons et le zeste de ciron vert. Mélangez jusqu'à obtention d'une pâte homogène.

2 Façonnez 8 croquettes avec vos mains. Passez chaque croquette dans la farine puis secouez-la pour en ôter l'excès. Passez-la dans l'œuf battu puis dans la chapelure.

3 Faites chauffer l'huile dans une poêle et faites-y cuire les croquettes, en plusieurs fois, jusqu'à ce qu'elles soient bien dorées des deux côtés.

4 À l'aide d'un épluche-légume, coupez le concombre en tranches très fines, dans le sens de la longueur. Mettez, dans un grand saladier, les tranches de concombre, la roquette, le piment et le jus de citron vert. Mélangez soigneusement. Servez les croquettes accompagnées de salade.

Par portion lipides 32,8 g ; 670 kcal

Pissaladière

Préparation 50 minutes
Pour 4 personnes.

1 c. s. d'huile d'olive
20 g de beurre
2 gousses d'ail écrasées
4 gros oignons bruns émincés
1 branche de thym frais
1 c. s. de câpres égouttées
20 filets d'anchois en conserve hachés
1 rouleau de pâte brisée
250 ml de sauce tomate toute prête
1 c. s. de persil plat frais ciselé
60 g d'olives noires dénoyautées

1 Préchauffez le four à 200 °C (th. 6-7). Huilez légèrement un moule à tarte à fond amovible de 22 cm de diamètre. Faites chauffer l'huile et le beurre dans une poêle. Faites-y revenir l'ail, les oignons et le thym à feu doux, à couvert, en remuant de temps en temps, pendant 20 minutes environ. L'oignon doit être fondant mais non doré. Retirez le thym. Ajoutez les câpres et la moitié des anchois et remuez.

2 Pendant que les oignons cuisent, garnissez le moule de pâte brisée et piquez-la avec une fourchette, puis couvrez-la de papier sulfurisé couvert de riz ou de haricots pour l'empêcher de gonfler à la cuisson. Faites cuire la pâte à blanc dans le four préchauffé pendant 20 minutes. Retirez le papier et le riz, puis prolongez la cuisson de 5 minutes environ jusqu'à ce que la pâte soit légèrement dorée.

3 Mélangez la sauce tomate et le persil puis badigeonnez-en la pâte. Garnissez ensuite la tarte avec les oignons et l'ail. Parsemez-la avec les anchois restants et arrosez-la d'huile. Décorez la pissaladière avec des olives noires et faites-la cuire 10 minutes environ.

Par portion lipides 28,4 g ; 506 kcal

Salade niçoise

Diverses variétés de haricots blancs sont vendues en boîte : flageolets, soissons, cocos. Si leur goût et leur texture diffèrent quelque peu, ces petits légumes de forme allongée se prêtent tous à la réalisation de cette salade.

Préparation 15 minutes
Pour 4 personnes.

3 boîtes de 125 g de thon au naturel égoutté
1 oignon rouge émincé
250 g de pousses d'épinard nettoyées
300 g de haricots blancs en conserve rincés et égouttés
150 g de tomates jaunes coupées en deux
80 g d'olives de Kalamata dénoyautées
4 œufs durs écalés et coupés en quatre

Sauce
125 ml d'huile d'olive
60 ml de jus de citron
1 gousse d'ail écrasée
1 c. c. de thym citron frais haché
2 c. c. de moutarde de Dijon
1/4 c. c. de sucre

1 Mélangez tous les ingrédients dans un grand saladier.

2 Nappez la salade de sauce. Remuez soigneusement.

Sauce Mettez les ingrédients dans un récipient doté d'un couvercle, fermez-le et secouez-le énergiquement.

Par portion lipides 36,5 g ; 480 kcal

Crème de truite fumée

Préparation 20 minutes
Pour 4 personnes.

400 g de filets de truite fumée
1 jaune d'œuf
2 c. c. de vinaigre de vin blanc
2 c. c. de poudre de moutarde
1 c. s. de jus de citron
1/4 c. c. de citron au poivre et aux épices
80 ml d'huile d'olive vierge extra

1 Émiettez grossièrement les filets de truite.

2 Mixez le jaune d'œuf, le vinaigre, la moutarde, le jus de citron et le citron au poivre et aux épices. Laissez tourner le moteur du robot et ajoutez l'huile en filet. Ajoutez la truite et mixez jusqu'à obtention d'une pâte lisse.

Par portion lipides 21,6 g ; 235 kcal

Soufflés au saumon et aux fines herbes

Préparation 35 minutes
Pour 2 personnes.

210 g de saumon rouge en conserve égoutté et émietté
1 c. s. de ciboulette fraîche ciselée
1 c. s. de persil plat frais ciselé
1 pincée de piment de Cayenne
20 g de beurre
1 c. s. de farine
125 ml de lait
2 blancs d'œufs

1 Préchauffez le four à 180 °C (th. 6). Beurrez deux plats à soufflé individuels (250 ml).

2 Mélangez soigneusement le saumon, les fines herbes et le piment de Cayenne dans un récipient.

3 Faites fondre le beurre dans une petite casserole puis ajoutez la farine. Faites chauffer jusqu'à ce que le mélange commence à mousser, puis retirez la casserole du feu. Incorporez progressivement le lait. Remettez sur le feu et remuez jusqu'à ce que la sauce commence à bouillir et à s'épaissir. Incorporez la sauce à la préparation au saumon.

4 Battez les blancs d'œufs en neige puis incorporez-les à la pâte au saumon. Versez le mélange dans les plats beurrés. Faites cuire les soufflés dans le four préchauffé pendant 20 minutes environ, jusqu'à ce qu'ils soient bien gonflés et dorés. Servez aussitôt.

Par portion lipides 20,9 g ; 315 kcal

Kedgeree

Préparation 20 minutes
Pour 4 personnes.

1 c. s. d'huile végétale
1 oignon brun haché
1 c. s. de pâte de curry douce
250 g de riz à grains longs
415 g de saumon rose en conserve égoutté et émietté
60 ml de crème liquide
1 œuf dur
2 c. s. de persil plat frais ciselé

1 Faites chauffer l'huile dans une casserole. Faites-y fondre l'oignon en remuant. Ajoutez la pâte de curry. Ajoutez le riz cuit, le saumon et la crème, et remuez jusqu'à ce que l'ensemble soit bien chaud.

2 Coupez l'œuf en 8 et ajoutez-le au kedgeree. Parsemez de persil avant de servir.

Par portion lipides 20 g ; 452 kcal

Pizza aux anchois

Préparation 40 minutes
Pour 4 personnes.

2 c. c. d'huile d'olive
1 oignon brun haché
1 gousse d'ail écrasée
1 boîte de 410 g de tomates entières
1 c. s. de concentré de tomates
1 c. s. d'origan frais haché
1 c. c. de sucre
1 pâte à pizza ronde
de 25 cm de diamètre
125 g de mozzarella hachée
2 c. s. de parmesan râpé
45 g de filets d'anchois en conserve
égouttés
1 poivron rouge émincé
3 champignons de Paris émincés
60 g d'olives noires dénoyautées
coupées en deux
8 à 10 de feuilles de basilic fraîches

1 Préchauffez le four à 220 °C (th. 7/8). Faites chauffer l'huile dans une poêle et faites-y fondre l'ail et l'oignon. Ajoutez les tomates écrasées non égouttées, le concentré de tomates, l'origan et le sucre. Portez à ébullition puis baissez le feu. Laissez mijoter à découvert, en remuant de temps en temps, pendant 10 minutes environ jusqu'à ce que la sauce épaississe.

2 Étalez la sauce sur la pâte à pizza. Mélangez le parmesan et la mozzarella dans un bol, puis parsemez la pizza avec la moitié du mélange. Garnissez-la avec les filets d'anchois, le poivron et les champignons. Parsemez d'olives et du fromage restant. Faites cuire au four, pendant 15 minutes environ, jusqu'à ce que la pâte soit bien dorée. Parsemez de basilic avant de servir.

Par portion lipides 13,6 g ; 370 kcal

Salade composée aux calamars

Préparation 35 minutes
Pour 4 personnes.

45 g de filets d'anchois en conserve égouttés
2 gousses d'ail écrasées
1 c. s. de persil plat frais ciselé
60 ml d'huile d'olive
400 g d'anneaux de calamar à la romaine surgelés
huile végétale pour friture
3 tomates coupées en quatre
1 c. s. de basilic frais ciselé
1 poivron vert émincé
1 avocat coupé en morceaux
1/2 concombre coupé en rondelles
60 g d'olives noires dénoyautées
1 c. s. de vinaigre de vin blanc
4 grandes feuilles de laitue déchiquetées

1 Mettez les anchois dans un bol, avec la moitié de l'ail, le persil et 1 cuillerée à soupe d'huile d'olive. Laissez-les mariner pendant que vous préparez la salade.

2 Faites frire les calamars dans l'huile, jusqu'à ce qu'ils soient bien dorés. Égouttez-les sur du papier absorbant.

3 Mélangez les tomates, l'ail restant, le basilic, le poivron, l'avocat, le concombre et les olives dans un saladier. Mélangez l'huile restante et le vinaigre dans un bol puis nappez-en la salade. Remuez.

4 Mettez les feuilles de laitue au fond d'un saladier. Ajoutez la salade, les calamars et la préparation aux anchois.

Par portion lipides 47, 8 g ; 601 kcal

Riz aux fruits de mer

Préparation 30 minutes
Pour 4 personnes.

30 g de beurre
500 g de cocktail de fruits de mer
1 c. s. d'huile d'olive
1 gousse d'ail écrasée
200 g de champignons de Paris
100 g de mange-tout coupés en morceaux
4 petits oignons de printemps émincés
4 tranches de saumon fumé coupées en morceaux
265 g de riz
2 c. s. de persil plat frais ciselé
60 ml de jus de citron
20 g de parmesan râpé

1 Faites chauffer le beurre dans une poêle. Faites-y revenir les fruits de mer, en remuant, jusqu'à ce qu'ils soient cuits. Retirez la préparation de la poêle.

2 Faites chauffer de l'huile dans la même poêle, pour y faire revenir l'ail, les champignons et les mange-tout en remuant jusqu'à ce que ces derniers soient tendres. Ajoutez les fruits de mer, les oignons, le saumon, le riz, le persil et le jus de citron et remuez jusqu'à ce que l'ensemble soit bien chaud. Parsemez de parmesan.

Par portion lipides 17,5 g ; 568 kcal

Galettes de petits pois à la truite fumée

Préparation 45 minutes
Pour 6 personnes.

400 g de filets de truite fumée
75 g de farine ordinaire
75 g de farine à gâteaux
1/4 c. c. de bicarbonate de soude
160 ml de babeurre
80 ml de lait
60 g de petits pois
1 c. s. de persil plat frais haché
2 c. s. de ciboulette fraîche ciselée
1 blanc d'œuf
60 g de crème aigre

Concombre au sirop
1 concombre
1 poivron rouge haché
60 ml d'eau
55 g de sucre
125 ml de vinaigre de vin blanc

1 Coupez la truite en morceaux.

2 Tamisez les deux farines et le bicarbonate de soude dans un saladier. Mélangez le babeurre, le lait, les petits pois, le persil et la moitié de la ciboulette, puis versez petit à petit le mélange dans la farine tout en fouettant.

3 Battez le blanc d'œuf en neige, puis incorporez-le à la pâte. Versez des portions de pâte de 80 ml dans une poêle antiadhésive huilée et chaude. Faites cuire les galettes en plusieurs fois jusqu'à ce qu'elles soient légèrement dorées des deux côtés.

4 Mélangez la crème aigre et la ciboulette restante dans un bol. Servez les galettes chaudes garnies de truite, de concombre au sirop et de sauce à la crème aigre.

Concombre au sirop
À l'aide d'un épluche-légumes, coupez le concombre en fines lanières, dans le sens de la longueur. Mélangez le concombre et le poivron dans un saladier. Mettez le sucre et l'eau dans une petite casserole, faites chauffer à feu doux en remuant jusqu'à dissolution du sucre puis portez à ébullition. Laissez frémir à découvert pendant 5 minutes environ jusqu'à ce que le sirop épaississe légèrement. Ajoutez le vinaigre au sirop de sucre, puis nappez de sirop chaud le mélange au concombre.

Par portion lipides 6,4 g ; 241 kcal

Fettucine à la sauce crémeuse au saumon et à l'aneth

Préparation 20 minutes
Pour 4 personnes.

375 g de fettucine
120 g de crème aigre allégée
2 c. s. de jus de citron
415 g de saumon rouge en conserve égoutté
1 oignon rouge émincé
3 à 4 brins d'aneth frais non tassé
2 c. s. de petites câpres égouttées
1 c. s. de zeste de citron râpé

1 Faites cuire les pâtes dans une grande casserole d'eau bouillante à découvert jusqu'à ce qu'elles soient al dente. Égouttez-les.

2 Pendant ce temps, mélangez la crème aigre et le jus de citron dans un bol. Coupez le saumon en morceaux. Mélangez les pâtes chaudes, la crème citronnée, le saumon, l'oignon, l'aneth et les câpres.

3 Parsemez de zeste de citron râpé avant de servir.

Par portion lipides 17,1 g ; 553 kcal

Sauces spéciales crevettes

Voici quelques sauces qui s'harmonisent à merveille avec les crevettes. Chaque recette, prévue pour 1 kg de crevettes cuites, fera le bonheur de quatre convives. Il suffit de décortiquer les crevettes et de les tremper dans la sauce : le tour est joué !

Vinaigrette au citron et à l'ail
Pour 4 personnes
Mélangez 125 ml d'huile d'olive, 60 ml de jus de citron, 1 gousse d'ail écrasée et 1 c. c. de sucre.
Par portion lipides 28,5 g ; 261 kcal

Mayonnaise au citron vert et à l'aneth
Pour 4 personnes
Mélangez 125 ml de mayonnaise, 1 c. s. de jus de citron vert et 1 c. s. d'aneth frais ciselé. Salez et poivrez.
Par portion lipides 12,9 g ; 138 kcal

Sauce au citron vert et à la coriandre
Pour 4 personnes
Mixez 1 gousse d'ail, 80 ml de jus de citron vert, 2 c. s. de nuoc-mâm, 2 c. s. de coriandre fraîche ciselée, 2 c. s. de menthe fraîche ciselée et 60 ml d'huile d'arachide jusqu'à obtention d'une sauce homogène.
Par portion lipides 13,8 g ; 132 kcal

Sauce cocktail
Pour 4 personnes
Mélangez 250 ml de mayonnaise, 80 ml de sauce tomate, 1/2 c. c. de sauce Worcestershire et 1/2 c. c. de sauce pimentée.
Par portion lipides 24 g ; 296 kcal

Sauce à l'avocat
Pour 4 personnes
Mixez 1 avocat, 1 c. s. d'huile d'arachide, 2 c. s. de jus de citron vert, 2 c. s. de crème liquide et 1/2 c. c. de sucre jusqu'à obtention d'une sauce homogène.
Par portion lipides 16,9 g ; 158 kcal

Crème aigre au raifort
Pour 4 personnes
Mélangez 250 ml de crème aigre et 2 c. s. de crème au raifort toute prête.
Par portion lipides 25 g ; 240 kcal

Sauce thaï
Pour 4 personnes
Mélangez 80 ml de sauce pimentée, 125 ml de jus de citron vert, 1 c. s. de nuoc-mâm, 2 c. c. de citronnelle fraîche hachée, 2 c. c. de gingembre frais râpé, 2 c. s. de coriandre fraîche ciselée et 3 c. s. de menthe fraîche ciselée.
Par portion lipides 0,7 g ; 36 kcal

Vinaigrette à la tomate
Pour 4 personnes
Mixez 3 tomates concassées, 2 petits oignons de printemps hachés, 80 ml de vinaigre de vin rouge, 80 ml de sauce pimentée, 2 gousses d'ail, 1 c. c. de moutarde à l'ancienne, 1 c. c. de sucre, 1 c. c. de poivre concassé et 2 c. s. de persil frais ciselé jusqu'à ce que la sauce soit presque homogène.
Par portion lipides 0,7 g ; 39 kcal

Croquettes de crabe à l'américaine

Préparation 30 minutes
Pour 4 personnes.

2 boîtes de 170 g de crabe égoutté
1 œuf battu
6 petits oignons de printemps émincés
2 c. s. de mayonnaise
1 c. s. de moutarde de Dijon
70 g de mie de pain émiettée
1 c. s. de sauce Worcestershire
1 c. s. de persil plat frais ciselé
1/4 c. c. de paprika doux
25 g de chapelure
60 ml d'huile végétale

1 Mélangez la chair de crabe, l'œuf, les oignons, la mayonnaise, la moutarde, la mie de pain émiettée, la sauce, le persil et le paprika. Façonnez 4 croquettes avec le mélange. Passez-les dans la chapelure.

2 Faites chauffer l'huile dans une poêle. Faites-y cuire les croquettes jusqu'à ce qu'elles soient bien dorées des deux côtés.

Par croquette lipides 19,5 g ; 308 kcal

ASTUCE Les croquettes tiendront mieux à la cuisson si vous les mettez au réfrigérateur pendant 1 heure avant de les faire cuire.

Salade de pâtes au thon pimenté

Préparation 30 minutes
Pour 6 personnes.

300 g de pâtes (type conchiglie)
250 g de haricots verts coupés en deux
2 boîtes de 185 g de thon à l'huile pimentée
4 brins de persil plat frais ciselés
2 c. s. de basilic frais ciselé
2 c. s. de câpres égouttées
150 g de pousses de roquette

Sauce
60 ml d'huile d'olive
60 ml de jus de citron
2 gousses d'ail écrasées
2 c. c. de sucre

1 Faites cuire les pâtes dans une grande casserole d'eau bouillante à découvert jusqu'à ce qu'elles soient al dente. Rincez-les à l'eau froide et égouttez-les.

2 Pendant ce temps, faites cuire les haricots à la vapeur (ils doivent rester légèrement croquants). Égouttez-les. Égouttez le thon et récupérez l'huile pimentée dans un bol. Coupez le thon en gros morceaux, à la fourchette.

3 Mélangez les pâtes, les haricots, le thon, les fines herbes et les câpres dans un saladier, et nappez de sauce. Parsemez de roquette avant de servir.

Sauce Mélangez dans un récipient doté d'un couvercle les ingrédients avec l'huile pimentée, fermez-le et secouez-le énergiquement.

Par portion lipides 24,3 g ; 451 kcal

Bagna cauda

Préparation 35 minutes
Pour 825 g.

600 ml de crème fraîche épaisse
60 g de beurre
45 g de filets d'anchois égouttés hachés
2 gousses d'ail écrasées

1 Portez la crème à ébullition puis laissez mijoter 15 minutes à découvert jusqu'à ce que la crème épaississe.

2 Faites fondre le beurre dans une casserole à feu moyen, puis ajoutez les anchois et l'ail. Faites revenir, en remuant, jusqu'à ce que le mélange soit homogène.

3 Incorporez la crème fraîche chaude à la pâte d'anchois, et remuez jusqu'à ce que le mélange soit homogène. Servez chaud.

Par cuiller à soupe lipides 8,5 g ; 80 kcal

Tapenade traditionnelle

Préparation 5 minutes
Pour 125 g.

1 c. s. de câpres égouttées
3 filets d'anchois égouttés
60 g d'olives noires dénoyautées
60 ml d'huile d'olive

1 Mélangez les ingrédients puis mixez-les jusqu'à obtention d'une pâte homogène.

Par cuiller à soupe lipides 9,4 g ; 95 kcal

Galettes au maïs pimenté garnies de saumon fumé

Préparation 40 minutes
Pour 4 personnes.

300 g de crème aigre
1 oignon rouge haché
1 c. s. de ciboulette fraîche ciselée
1 c. s. d'aneth frais
1 épi de maïs
1 œuf battu
50 g de farine à gâteaux
1 1/2 c. s. de lait
1 piment thaï rouge frais épépiné et haché
1 c. s. de coriandre fraîche ciselée
huile végétale pour friture
200 g de saumon fumé en tranches

1 Mélangez la crème aigre, l'oignon, la ciboulette et l'aneth dans un bol.

2 Ôtez les feuilles et les filandres de maïs, puis égrenez l'épi. Faites cuire les grains jusqu'à ce qu'ils soient tendres. Égouttez-les et posez-les sur du papier absorbant. Si vous utilisez du maïs en conserve, passez directement à l'étape 3.

3 Mélangez l'œuf et la farine, puis incorporez progressivement le lait en remuant. Ajoutez le maïs, le piment et la coriandre. Mélangez.

4 Faites chauffer l'huile dans une poêle. Versez une cuillerée à soupe de pâte au maïs dans la poêle et faites cuire les galettes, une par une, jusqu'à ce qu'elles soient bien dorées (il vous faut 8 galettes au total). Dès qu'elles sont cuites, posez les galettes sur du papier absorbant.

5 Mettez 2 galettes de maïs sur chaque assiette, puis garnissez-les de sauce à la crème et de saumon fumé.

Par portion lipides 40,5 g ; 541 kcal

Pâtes au thon et au poivron

Préparation 20 minutes
Pour 4 personnes.

300 g de pâtes (type conchiglie)
2 c. s. d'huile d'olive
1 oignon brun haché
4 gousses d'ail écrasées
410 g de poivrons rouges en conserve égouttés et coupés en lanières
425 g de thon en conserve égoutté et émietté
250 ml d'eau
60 ml de jus de citron
10 à 12 de feuilles de basilic frais ciselées

1 Faites cuire les pâtes dans une grande casserole d'eau bouillante, à découvert, jusqu'à ce qu'elles soient al dente. Égouttez-les.

2 Pendant que les pâtes cuisent, faites chauffer l'huile dans une poêle, et faites-y fondre l'oignon et l'ail.

3 Ajoutez les poivrons, le thon, le jus de citron et l'eau. Mélangez et portez à ébullition. Retirez du feu et ajoutez le basilic. Nappez les pâtes de sauce.

Par portion lipides 10,9 g ; 457 kcal

Salade de thon tunisienne

Préparation 30 minutes
Pour 4 personnes.

2 œufs durs, écalés et hachés
1 poivron vert haché grossièrement
2 tomates concassées
4 petits oignons de printemps hachés
2 filets d'anchois égouttés et hachés
10 olives vertes
dénoyautées et hachées
2 piments thaïs rouges frais
épépinés et hachés
1 c. s. de menthe fraîche ciselée
180 g de thon au naturel
égoutté et émietté
1 c. s. de câpres égouttées

Sauce aux graines de carvi
2 c. s. d'huile d'olive
1 gousse d'ail écrasée
1 c. c. de graines de coriandre
1 c. c. de graines de carvi
1 c. s. de jus de citron
2 c. s. de vinaigre de vin rouge

1 Mélangez les ingrédients dans un saladier. Nappez la salade de sauce aux graines de carvi. Remuez soigneusement.

Sauce aux graines de carvi Faites chauffer l'huile dans une poêle. Mettez-y l'ail et les graines de coriandre et de carvi. Faites chauffer, en remuant, puis ajoutez le jus de citron et le vinaigre sans cesser de remuer.

Par portion lipides 13,3 g ; 197 kcal

Terrine de thon à la ricotta accompagnée de salsa verde

Préparation 50 minutes
Pour 4 personnes.

200 g de ricotta
3 œufs
4 petits oignons de printemps
70 g de mie de pain émiettée
425 g de thon à l'huile
égoutté et émietté

Salsa verde
1 gros bouquet de persil plat frais
1 gousse d'ail écrasée
1 c. s. de câpres égouttées
2 c. s. de cornichons égouttés et hachés
8 filets d'anchois en conserve égouttés
1 c. c. de zeste de citron râpé
80 ml d'huile d'olive

1 Préchauffez le four à 180 °C (th. 6). Huilez un moule à cake de 14 x 21 cm. Tapissez-le de papier sulfurisé.

2 Mélangez soigneusement la ricotta et les œufs dans un saladier. Ajoutez les oignons, la mie de pain et le thon et mélangez. Versez la pâte dans le moule.

3 Enfournez 40 minutes à découvert jusqu'à ce que la terrine soit ferme. Laissez reposer 5 minutes avant de démouler. Coupez-la en tranches et servez-la avec la salsa verde.

Salsa verde Mixez le persil, l'ail, les câpres, les cornichons, le zeste de citron et les filets d'anchois jusqu'à ce que le mélange soit homogène. Laissez tourner le moteur du robot et incorporez l'huile en filet. Mixez jusqu'à ce que le mélange soit presque lisse.

Par portion lipides 41 g ; 570 kcal

Cabillaud fumé au pistou de roquette sur lit de fettucine

Préparation 30 minutes
Pour 4 personnes.

375 g de fettucine
500 g de filets de cabillaud fumé

Pistou à la roquette
150 g de pousses de roquette
2 gousses d'ail écrasées
40 g de pignons de pin grillés
35 g de pistaches grillées
2 c. s. de jus de citron
40 g de parmesan râpé grossièrement
180 ml d'huile d'olive

1 Faites cuire les pâtes dans une grande casserole d'eau bouillante, à découvert, jusqu'à ce qu'elles soient al dente. Égouttez-les.

2 Pendant que les pâtes cuisent, faites revenir le poisson dans une poêle antiadhésive jusqu'à ce qu'il soit doré des deux côtés. Laissez-le refroidir pendant 5 minutes, puis émiettez-le à la fourchette et mettez-le dans un grand plat.

3 Mettez les pâtes dans le plat, avec le poisson et le pistou à la roquette. Remuez soigneusement.

Pistou à la roquette Mixez tous les ingrédients.

Par portion lipides 58, 2 g ; 957 kcal

Tarama

Cette spécialité grecque se prépare avec des œufs de poisson séchés et salés, généralement de mulet. Vous trouverez des rogues entières chez le poissonnier.

Préparation 20 minutes
Pour 600 g.

1 grosse pomme de terre
épluchée et coupée en petits morceaux
100 g d'œufs de poisson séchés et salés
1 c. s. de jus de citron
60 ml de vinaigre de vin blanc
1/2 oignon blanc haché
180 ml d'huile d'olive

| Faites cuire la pomme de terre à la vapeur. Mélangez la pomme de terre écrasée, les œufs de poisson, le jus de citron, le vinaigre, l'oignon et l'huile jusqu'à obtention d'une pâte homogène.

Par cuiller à soupe lipides 6 g ; 62 kcal

Salade au saumon fumé et aux œufs de saumon

Les Kipfler sont des petites pommes de terre allongées, à la légère saveur de noisette.

Préparation 45 minutes
Pour 4 personnes.

1,2 kg de pommes de terre Kipfler
1 c. s. d'huile d'olive
500 g d'asperges fraîches nettoyées
400 g de saumon fumé en tranches
100 g de mesclun
25 g d'œufs de saumon

Purée d'avocat
1 avocat
60 g de crème aigre
1 c. s. d'aneth frais ciselé
2 c. s. de jus de citron vert

1 Préchauffez le four à 240 °C (th. 8). Faites cuire les pommes de terre à la vapeur. Égouttez-les.

2 Coupez les pommes de terre en deux. Posez-les sur une plaque à rôtir légèrement huilée, la partie coupée tournée vers le haut, et arrosez-les de quelques gouttes d'huile. Faites-les dorer à découvert dans le four préchauffé, pendant 15 minutes environ, en les remuant de temps en temps, jusqu'à ce qu'elles soient bien croustillantes.

3 Pendant ce temps, faites cuire les asperges à la vapeur (elles doivent rester légèrement croquantes). Égouttez-les et coupez les tiges en deux.

4 Coupez les tranches de saumon en lanières. Répartissez la purée d'avocat sur quatre assiettes. Garnissez-la de pommes de terre, de mesclun, d'asperges, de saumon fumé et d'œufs de saumon.

Purée d'avocat Coupez l'avocat en deux, ôtez le noyau et coupez la chair en dés. Mixez l'avocat avec les autres ingrédients jusqu'à obtention d'une purée lisse.

Par portion lipides 24 g ; 529 kcal

Salade de thon et de haricots blancs

Préparation 20 minutes
Pour 8 personnes.

2 boîtes de 300 g de haricots blancs rincés et égouttés
425 g de thon au naturel en conserve égoutté et émietté
1 oignon rouge émincé
1 petit bouquet de persil plat frais ciselé
1 c. s. d'origan frais haché
250 g de tomates cerises coupées en quatre
2 c. s. d'huile d'olive
1 c. s. de vinaigre de vin blanc
2 c. c. de zeste de citron finement râpé
2 c. s. de jus de citron
2 gousses d'ail écrasées
1 grand pide (pain turc)

1 Dans un saladier, mélangez les haricots et le thon avec l'oignon, le persil, l'origan et les tomates. Mélangez l'huile, le vinaigre, le zeste de citron, le jus de citron et l'ail, puis nappez la salade avec la sauce et remuez soigneusement.

2 Coupez le pain en quatre. Tranchez les morceaux en deux, horizontalement. Coupez à nouveau le pain, en diagonale, de manière à obtenir 16 triangles. Faites dorer les triangles au gril, la partie coupée vers le haut.

3 Posez un triangle, la partie grillée tournée vers le haut, sur chaque assiette. Garnissez les morceaux de pain de salade, puis ajoutez les 8 triangles restants.

Par portion lipides 7,5 g ; 267 kcal

Rouleaux au saumon fumé

Préparation 40 minutes
Pour 16 rouleaux.

1 carotte
1/2 concombre coupé en deux dans le sens de la longueur et épépiné
16 galettes de riz rondes de 16 cm de diamètre
16 tranches de saumon fumé (300 g)
1 avocat coupé en tranches
4 petits oignons de printemps émincés

Sauce
125 ml de sauce pimentée
60 ml de jus de citron vert
2 c. s. de coriandre fraîche ciselée
2 c. s. de menthe fraîche ciselée

1 Taillez la carotte et le concombre en longs bâtonnets étroits.

2 Plongez une galette de riz dans un saladier rempli d'eau chaude, jusqu'à ce qu'elle commence à ramollir. Sortez-la précautionneusement de l'eau et posez-la sur une planche à découper. Mettez une tranche de saumon, une tranche d'avocat et un petit peu de carotte, de concombre et d'oignon à une extrémité de la galette. Commencez à rouler la galette, rabattez les deux côtés vers l'intérieur et terminez le rouleau.

3 Répétez la même opération pour préparer les autres rouleaux.

4 Servez les rouleaux nappés de sauce.

Sauce Mélangez tous les ingrédients dans un bol.

Par rouleau lipides 4,3 g ; 89 kcal

Rouleaux de crabe avec sauce pimentée aux prunes

Préparation 40 minutes
Pour 25 rouleaux.

2 c. c. d'huile d'arachide
1 c. c. de gingembre frais râpé
2 gousses d'ail écrasées
4 petits oignons de printemps hachés
1/2 poivron vert haché
2 boîtes de crabe de 170 g égouttées
50 g de châtaignes d'eau
égouttées et hachées
1 c. c. de sucre
25 petits carrés de pâte
pour rouleaux de printemps
huile végétale pour friture

Sauce pimentée aux prunes
2 c. c. d'huile d'arachide
1 gousse d'ail écrasée
1 c. c. de gingembre frais râpé
80 ml de sauce chinoise aux prunes
80 ml de sauce pimentée
1 c. s. de sucre roux
160 ml de bouillon de volaille

1 Faites chauffer l'huile dans une poêle, puis mettez-y le gingembre, l'ail, les oignons et le poivron. Faites revenir le mélange jusqu'à ce que le poivron soit fondant. Laissez refroidir 5 minutes, puis ajoutez le crabe, les châtaignes d'eau et le sucre. Remuez.

2 Mettez 1 cuillerée à soupe de pâte au crabe dans le coin d'un carré de pâte. Badigeonnez les côtés avec de l'eau, repliez les bords vers l'intérieur et confectionnez un rouleau. Répétez l'opération pour préparer les autres rouleaux.

3 Faites frire les rouleaux au crabe dans de l'huile chaude, en plusieurs fois, jusqu'à ce qu'ils soient bien dorés. Posez-les sur du papier absorbant pour les égoutter. Servez-les accompagnés de sauce pimentée aux prunes.

Sauce pimentée aux prunes Faites chauffer l'huile dans une petite casserole, puis mettez-y l'ail et le gingembre. Faites-les revenir rapidement, en remuant, puis ajoutez les autres ingrédients. Laissez mijoter à découvert, pendant 10 minutes environ, jusqu'à ce que la sauce ait réduit à 250 ml.

Par rouleau lipides 2,5 g ; 57 kcal

glossaire

babeurre vendu en grandes surfaces au rayon frais, avec les produits laitiers. Contrairement à ce que son nom laisse supposer, ce produit est pauvre en graisses. Le procédé de fabrication industrielle du babeurre est proche de celui du yaourt.

beurre utilisez indifféremment du beurre doux ou demi-sel, selon votre préférence.

bouillon pour préparer du bouillon, vous pouvez utiliser indifféremment des cubes, de la poudre ou du concentré. 1 c. c. de poudre, 1 petit cube émietté ou 1 portion de concentré mélangé à 250 ml d'eau donneront un bouillon assez corsé.

carvi graines d'une plante aromatique de la famille du persil. Elles s'utilisent aussi bien dans des préparations sucrées que salées.

chapelure mie de pain séchée en poudre, achetée toute prête.

châtaigne d'eau petits tubercules bruns, dont la chair blanche et croquante a une légère saveur de noisette.

citron au poivre et aux épices mélange de poivre noir concassé, de citron, de fines herbes et d'épices.

cocktail de fruits de mer mélange de fruits de mer hachés, vendus crus dans les poissonneries.

crème aigre crème obtenue par fermentation bactérienne de la crème fraîche.

crème au raifort pâte crémeuse à base de raifort râpé, de vinaigre, d'huile et de sucre.

farine en l'absence d'autre précision, nous avons utilisé de la farine de blé ordinaire.

farine à gâteaux farine de blé avec poudre levante. Pour préparer le mélange vous-même, tamisez 135 g de farine avec 2 c. c. de levure chimique.

fettucine spaghetti plats et larges.

fromages
mozzarella : fromage à pâte cuite filée traditionnellement fabriqué avec du lait de bufflonne. On trouve aujourd'hui de la mozzarella au lait de vache.
parmesan : ce fromage de lait de vache a une pâte dure et friable. Certains parmesans sont affinés pendant 2 ans.
ricotta : fromage frais au lait de vache, à la saveur douce, fabriqué avec du petit-lait. Contenant environ 8,5 % de matières grasses, il a une texture granuleuse.

galette de riz ces feuilles à base de farine de riz moulue, d'eau et de sel sont vendues en disques ou en carrés.

gingembre rhizome noueux d'une plante tropicale. Pelé et couvert de xérès sec, le gingembre se conserve au réfrigérateur dans un bocal, ou surgelé dans un récipient hermétique.

huile
d'arachide : pressée avec des arachides broyées. C'est l'huile la plus utilisée dans la cuisine asiatique, car elle supporte d'être chauffée à haute température.
de sésame : fabriquée à partir de graines de sésame blanc grillées et broyées. Utilisée pour son parfum, elle ne peut être chauffée.
végétale : toute matière grasse d'origine végétale.
d'olive : fabriquée avec des olives mûres. Les huiles de qualité vierge extra et vierge sont les meilleures.

kedgeree plat anglais d'origine indienne : riz au curry avec du poisson et des œufs durs.

mange-tout variété de haricots verts.

mayonnaise dans les recettes, nous avons utilisé de la mayonnaise toute prête aux œufs entiers.

mesclun assortiment de jeunes feuilles de salade.

moutarde
de Dijon : de couleur jaune clair. Saveur particulière, relativement forte.
à l'ancienne : moutarde aux graines apparentes.

nuoc-mâm sauce à base de poisson en poudre (le plus souvent de l'anchois) salé et fermenté, à la saveur prononcée. À utiliser avec parcimonie.

œufs certaines recettes sont à base d'œufs crus ou peu cuits. La prudence s'impose si des cas de salmonellose ont été signalés dans votre région.

oignon
petit oignon de printemps : oignon récolté avant la formation du bulbe. La longue tige verte se consomme entièrement.
rouge : gros oignon doux, de couleur rouge à violet.

olives de Kalamata olives noires au vinaigre de vin, en saumure.

paprika piment rouge doux, séché et moulu. Il existe du paprika doux et piquant.

pâte brisée surgelée abaissée Ces abaisses de pâte brisée sont vendues en grandes surfaces.

pâte de curry pâte plus ou moins piquante et épicée. Utilisez la variété de votre choix.

pâte pour rouleaux de printemps existe en différentes tailles. Cette pâte qui s'achète fraîche ou surgelée dans les épiceries asiatiques sert à réaliser des rouleaux de printemps, mais aussi des samosas et des gow gee.

pide pain turc à base de farine de blé, vendu en longues miches ou en petits pains individuels ronds. Le pide est parsemé de graines de sésame ou d'oignon noir.

pignons de pin petites graines extraites des cônes de certains pins.

piment
de Cayenne : ou poivre de Cayenne : piment rouge extrêmement piquant, qui s'achète séché et moulu.
moulu : pour remplacer du piment frais par du piment en poudre, utilisez 1/2 c. c. de poudre pour 1 piment frais haché.
thaï : petit piment très piquant, de couleur rouge.

sauce pimentée sauce douce thaïlandaise, vendue en grandes surfaces au rayon des produits asiatiques, à base de piments rouges, de sucre, d'ail et de vinaigre.

poivron ôtez les graines et les membranes de ce légume avant de le cuisiner. On trouve aussi des poivrons en boîtes ou en bocaux.

poudre de moutarde graines de moutarde blanches finement broyées.

rogues œufs de poisson salés et séchés. Pour la préparation du tarama, on utilise essentiellement des œufs de mulet (poisson blanc des mers tempérée).

romaine variété de salade à longues feuilles croquantes. On trouve aussi des romaines miniatures.

roquette variété de salade à la saveur poivrée. On trouve aussi des pousses de roquette.

sauce de soja sauce fabriquée avec des graines de soja fermentées.

sauce Worcestershire sauce épicée très liquide brun sombre, utilisée pour relever viandes, sauces et cocktails, et aussi comme condiment.

sucre roux ce sucre doit sa couleur et sa saveur caractéristiques à sa teneur en mélasses.

tomate
concentré de tomates : coulis de tomates fortement réduit servant à aromatiser soupes, sauces et ragoûts.
tomates cerises : variété de petites tomates.

vin de riz vin doux peu alcoolisé de couleur dorée, produit avec du riz fermenté.

Traduction : Tina Calogirou
Mise en pages : Penez Édition
Édition : Natacha Kotchetkova
Relecture : Élisabeth Esteban

Marabout
43, quai de Grenelle - 75905 Paris Cedex 15

Publié pour la première fois en Australie en 2003
par ACP Publishing Pty Limited
sous le titre *Fast Fish*

Dépôt légal n° 48870 / août 2004
ISBN : 2501-04311-1
NUART : 4092656/01

Imprimé en Espagne par Mateu Cromo